I LOVE TO BRUSH MY TEETH
AMO LAVARMI I DENTI

Shelley Admont
Illustrated by Sonal Goyal, Sumit Sakhuja

www.kidkiddos.com
Copyright©2015 by S. A. Publishing ©2017 by KidKiddos Books Ltd.
support@kidkiddos.com

All rights reserved. No part of this book may be reproduced in any form or by any electronic or mechanical means, including information storage and retrieval systems, without written permission from the publisher or author, except in the case of a reviewer, who may quote brief passages embodied in critical articles or in a review.

Tutti i diritti sono riservati. Nessuna parte di questa pubblicazione può essere riprodotta, memorizzata in sistemi di recupero o trasmessa in qualsiasi forma o attraverso qualsiasi mezzo elettronico, meccanico, mediante fotocopiatura, registrazione o altro, senza l'autorizzazione del possessore del copyright.

Second edition, 2019

Translated from English by Annalisa Langone
Traduzione dall'inglese a cura di Annalisa Langone

Library and Archives Canada Cataloguing in Publication
I Love to Brush My Teeth (Italian Bilingual Edition)/ Shelley Admont
ISBN: 978-1-5259-1752-3 paperback
ISBN: 978-1-77268-429-2 hardcover
ISBN: 978-1-926432-93-9 eBook

Please note that the Italian and English versions of the story have been written to be as close as possible. However, in some cases they differ in order to accommodate nuances and fluidity of each language.

For those I love the most-S.A
Per quelli che amo di più-S.A.

Morning came and the sun was shining in the faraway forest. There, in a small house, lived little bunny Jimmy, with his parents and two older brothers.

Era mattino e il sole splendeva nella lontana foresta. Lì, in una piccola casetta, insieme ai suoi genitori e ai suoi due fratelli più grandi, viveva il coniglietto Jimmy.

Mom came into the room that Jimmy shared with his brothers.

La mamma entrò nella cameretta di Jimmy e dei suoi fratelli.

First she kissed the oldest brother, who slept peacefully in his blue bed. Next she gave a kiss to the middle brother. He was still sleeping in his green bed.

Prima diede un bacio al più grande, che dormiva serenamente nel suo letto blu. Poi diede un bacio all'altro fratello, che ancora dormiva nel suo letto verde.

Finally, Mom went to Jimmy's orange bed, and gave him a kiss.

Infine, la mamma andò verso il letto arancione di Jimmy e gli diede un bacio.

"Good morning, children," said Mom. "It's time to rise."

"Buongiorno, piccoli", disse la mamma. "È ora di alzarsi."

Getting out of bed, the oldest brother made his way to the bathroom.

Il fratello più grande saltò giù dal letto e si diresse verso il bagno.

"Wow!" he shouted, "I have a brand-new toothbrush! It's blue, my favorite color. Thank you, Mom." He started to brush his teeth.

"Wow!", gridò, "Ho uno spazzolino nuovo di zecca! È blu, il mio colore preferito. Grazie, mamma". Iniziò a lavarsi i denti.

The middle brother followed him. "I have a new toothbrush as well, and mine's green!" he exclaimed and also began to brush his teeth.

L'altro fratello lo seguì. "Anch'io ho uno spazzolino nuovo, e il mio è verde!", esclamò e inizio anche lui a lavarsi i denti.

Jimmy got out of bed and walked slowly towards the bathroom. *Why even bother brushing my teeth?* he thought. *My teeth are fine as they are.*

Jimmy saltò giù dal letto e si diresse lentamente verso il bagno. Perché devo lavarmi i denti? pensò. I miei denti vanno bene così come sono.

"Look, Jimmy," said his oldest brother, "you have a new toothbrush too. It's orange like your bed."

"Guarda Jimmy", disse il fratello più grande, "anche tu hai uno spazzolino nuovo. È arancione come il tuo letto."

"So I have a new toothbrush, big deal." Jimmy stood in front of the mirror, but he still didn't start brushing his teeth.

"Così anche io ho uno spazzolino nuovo, che bello!". Jimmy rimase di fronte allo specchio senza iniziare ancora a lavarsi i denti.

"Kids, hurry up! Breakfast is almost ready," they heard their mother's soft voice. "Has everyone finished brushing their teeth?"

"Bambini, fate presto! La colazione è quasi pronta", udirono la voce delicata della loro mamma. "Avete finito tutti di lavare i denti?"

"I've finished," answered the oldest brother and ran out of the bathroom.

"Io ho finito", rispose il fratello più grande e corse fuori dal bagno.

"Me too," replied the middle brother. He ran after his brother to the kitchen.

"Anch'io", replicò l'altro fratello. Corse come il fratello verso la cucina.

"Mom, I finished brushing my teeth too," shouted Jimmy. He was just about to leave the bathroom, when he heard a voice.

"Mamma, anch'io ho finito di lavare i denti", urlò Jimmy. Stava per uscire dal bagno, quando udì una voce.

"It's not nice to lie," the voice said. "You didn't brush your teeth."

"Non è bello dire le bugie", disse la voce. "Tu non hai lavato i denti."

"Who said that?" asked Jimmy as he looked around in confusion.

"Chi l'ha detto?", chiese Jimmy guardandosi intorno.

"Over here," was the reply.

"Da questa parte", rispose.

Frowning at him was his new orange toothbrush, standing on the counter. He just couldn't believe his eyes...or his ears!

Era il suo nuovo spazzolino arancione, imbronciato, sul lavandino. Non credeva ai suoi occhi...o alle sue orecchie!

"A toothbrush can't talk," he said in a stunned voice.

"Uno spazzolino non può parlare", disse sbalordito.

"I sure can. I'm a magical toothbrush," said the toothbrush proudly. "My job is to make sure EVERYONE brushes his teeth."

"Io posso. Sono uno spazzolino magico", disse con orgoglio lo spazzolino. "Il mio lavoro è quello di assicurare che TUTTI si lavino i denti".

Jimmy laughed in response. "I didn't brush my teeth and nothing bad happened to me."

Jimmy si mise a ridere. "Non ho lavato i denti e non mi è successo nulla di brutto."

"Look at yourself," the brush said. "Your teeth are yellow and your breath smells terrible."
"Guardati", disse lo spazzolino. "I tuoi denti sono gialli e il tuo alito è terribile."

"That's not true, brush. You're just making it up!" Jimmy took the toothbrush and threw it far into the corner of the bathroom.
"Non è vero, spazzolino. Stai solo inventando!" Jimmy prese lo spazzolino e lo buttò via in un angolo del bagno.

Then he ran into the kitchen to have his breakfast.
Poi corse in cucina per la colazione.

"That's no way to treat me," shouted the toothbrush. "I'm a magical toothbrush. I'll prove how important I am!"

"Non c'è bisogno di trattarmi in questo modo", urlò lo spazzolino. "Sono uno spazzolino magico e ti farò vedere quanto sono importante!".

By this time, Jimmy was already sitting down next to his brothers in the kitchen.

Jimmy era ormai già seduto in cucina vicino ai suoi fratelli.

He took a sandwich and brought it to his mouth. But then the sandwich jumped out of Jimmy's hands right onto the plate of his oldest brother.

Prese un panino e lo avvicinò alla bocca, ma a questo punto il panino saltò fuori dalle mani di Jimmy e finì nel piatto del fratello più grande.

Instead of the sandwich, Jimmy had bitten his fingers — hard!

Invece di mordere il panino, Jimmy si morse le dita — con forza!

"Who does this sandwich belong to?" the brother asked.

"Di chi è questo panino?", chiese il fratello più grande.

"My sandwich ran away from me," answered Jimmy. "It's mine!"

"Il mio panino è scappato via da me", rispose Jimmy. "È mio!"

"Quite an imagination you have, sweetie. How can a sandwich run away?" his mother said.

"Quanta immaginazione hai, tesoro. Come può scappare via un panino?", disse la mamma.

"I don't know how, but that's really what happened," said Jimmy.

"Non lo so come, ma è esattamente quello che è successo", disse Jimmy.

Then, Mom gave him a big plate full of salad. "Here, perhaps you would like to eat a delicious vegetable salad instead," she said.

A questo punto la mamma gli diede un bel piatto pieno di insalata e disse: "Ecco, potresti mangiare un delizioso piatto di insalata di verdure".

"Yummy, I love vegetable salad," said Jimmy, about to start eating. Suddenly, the salad plate leaped up and settled down on the table near his middle brother.

"Buonissimo, adoro l'insalata di verdure", disse Jimmy, in procinto di iniziare a mangiare. Improvvisamente l'insalata fece un salto e si posizionò sul tavolo, vicino all'altro fratello.

"Look," said the middle brother, "how did your plate get over here?"

"Guarda", disse il fratello, "come ha fatto il tuo piatto ad arrivare qui?"

"You were right, honey! Your food is running away from you!" said their astonished mom. "That's strange."

"Avevi ragione, tesoro! Il tuo cibo si allontana da te!", disse sbalordita la mamma. "È molto strano."

"Mom, I'm getting hungry already. What can I eat?" said Jimmy.

"Mamma, ho fame. Cosa posso mangiare?", disse Jimmy.

Mom thought for a moment. "How about your favorite carrot cake? I'll give you a big slice."

La mamma ci pensò un attimo. "Che cosa ne pensi della tua torta di carote preferita? Te ne darò una bella fetta."

"Oh yes, carrot cake! I love it so much," Jimmy shouted happily, "Thanks, Mom."

"Sì, torta di carote! La adoro", Jimmy urlò di gioia, "Grazie, mamma."

However, before Jimmy could take the cake, it began to float in the air.
Sennonché, prima che Jimmy potesse prendere la torta, quest'ultima iniziò a svolazzare nell'aria.

Jimmy hopped out of his chair and started chasing the piece of cake.

Jimmy saltò giù dalla sedia e iniziò a rincorrere il pezzo di torta.

He jumped on the sofa, but the cake zoomed back to the table. Jimmy ran back to the table and then the cake flew out of the house. Jimmy rushed after it.

Saltò sul divano, ma la torta sfrecciò di nuovo sul tavolo. Jimmy corse verso il tavolo e la torta volò fuori dalla casa. Jimmy le corse dietro.

The cake looped around the house while Jimmy trailed behind it. Another round and another and another, and still Jimmy followed.

La torta girava intorno alla casa, mentre Jimmy non riusciva a starle dietro. Ancora un giro, un altro, un altro ancora e Jimmy continuava a seguirla.

Until he had run out of breath. Tired, Jimmy sat down at the entrance of the house and started crying.

Jimmy corse fino a quando rimase senza fiato. Stanco, si sedette davanti alla porta di casa e iniziò a piangere.

At the same moment, two of his friends were passing by. "Hey, Jimmy," they greeted. "Why are you sitting here looking so sad? Come play with us."

Nello stesso momento, passavano di lì due suoi amici: "Ciao, Jimmy! Perché stai seduto lì e sei così triste? Vieni a giocare con noi".

"Yes, I'd like that!" Jimmy ran towards them. "You won't believe what happened to me today!"

"Si, vengo!", Jimmy corse verso di loro. "Non crederete cosa mi è successo oggi!"

But, as he opened his mouth, the friends shouted,

Ma, come aprì la bocca, gli amici urlarono:

"Yikes, what a stink! We'll go play somewhere else while you go brush your teeth!" With that, they ran away.

"Accidenti, che puzza! Noi andiamo a giocare da un'altra parte mentre tu vai a lavarti i denti!". Così corsero via.

Bursting into tears yet again, Jimmy entered the house.

Jimmy scoppiò ancora una volta in lacrime ed entrò in casa.

He went to the bathroom and saw the magical toothbrush flying in the air.

Andò nel bagno e vide lo spazzolino magico che svolazzava nell'aria facendogli un bel sorriso.

"Hello, Jimmy. I've been waiting for you. Do you want to brush your teeth now?" Jimmy nodded.

"Ciao, Jimmy. Ti stavo aspettando. Adesso vuoi lavarti i denti?", Jimmy annuì con la testa.

Jimmy started brushing his teeth, from one side to the other, top and bottom, front and back. He brushed his teeth until they became white and shiny.

Jimmy iniziò a lavarsi i denti, da una parte all'altra, dall'alto verso il basso, dentro e fuori. Li spazzolò fino a farli diventare bianchi e splendenti.

Gazing proudly at his reflection in the mirror, Jimmy said, "Thank you, brush. It was even nice and pleasant to brush my teeth. I now have sweet-smelling breath too."

Guardandosi allo specchio con orgoglio, Jimmy disse: "Grazie, spazzolino. È stato bello e piacevole lavarmi i denti. Adesso ho anche un alito profumato".

"You look great," said the brush. "By the way, my name is Leah. I'm always here to help."

"Sei fantastico", disse lo spazzolino. "Ad ogni modo, mi chiamo Leah. Sono sempre qui ad aiutarti."

That's how Jimmy and Leah became good friends. Ever since that day, they've seen each other twice a day to protect Jimmy's teeth and help them grow strong and healthy.

E così Jimmy e Leah diventarono amici. Da quel giorno, si vedono sempre due volte al giorno per proteggere i denti di Jimmy e aiutarli a crescere sani e robusti.

www.ingramcontent.com/pod-product-compliance
Lightning Source LLC
Chambersburg PA
CBHW061130070526
44584CB00033B/4282